AF258580

L'ENSEIGNEMENT DRAMATIQUE

AU

CONSERVATOIRE

SAINT-QUENTIN. — IMPRIMERIE JULES MOUREAU ET FILS

LEO DE LEYMARIE ET ADRIEN BERNHEIM

L'ENSEIGNEMENT DRAMATIQUE

AU

CONSERVATOIRE

PARIS

PAUL OLLENDORFF, ÉDITEUR

28 bis RUE DE RICHELIEU 28 bis

—

1883

PREMIÈRE PARTIE

DE L'ENSEIGNEMENT DRAMATIQUE

CHAPITRE PREMIER

DE L'ENSEIGNEMENT DRAMATIQUE
AU CONSERVATOIRE

Nous n'écrivons pas une histoire de l'Enseignement dramatique, non plus qu'un manuel de diction.

Le lecteur ne devra donc chercher dans ces pages ni les grands souvenirs de notre École nationale de déclamation, ni les principes détaillés de l'art de bien parler notre langue.

Il existe des ouvrages spéciaux sur ces deux points, et nous voulons seulement faire un tableau de l'enseignement tel qu'il est actuellement professé au Conservatoire par les hommes éminents, les artistes remarquables et consciencieux qui prennent, sur les loisirs que leur laisse la Comédie-Française, le temps de former les jeunes recrues de l'art dramatique.

C'est pour l'étude et l'interprétation de nos grands classiques français : Corneille, Racine, Molière, Regnard, Voltaire, Marivaux, Beaumarchais ; c'est pour conserver les saines traditions sans lesquelles cette étude et cette interprétation pourraient errer à l'aventure, qu'a été institué le Conservatoire.

Le Conservatoire national ne doit avoir que cet objectif. Nous verrons, dans la seconde partie de cette étude, s'il remplit ces conditions et s'il n'a pas dévié du but originaire de son institution. Quant à présent, nous examinerons seulement l'enseignement tel qu'il est donné dans les quatre classes.

*
* *

L'enseignement dramatique consiste à apprendre aux élèves à *dire*, à *jouer*, à *se tenir en scène*, à *composer un rôle*, c'est-à-dire à le rendre d'une manière logique, suivie et concordante dans toutes ses parties ; à étudier, d'après les traditions, le répertoire classique, les mouvements des scènes, les caractères tels qu'ils nous ont été transmis par les maîtres passés, enfin à entendre l'histoire des classiques et à faire prendre ainsi aux élèves, dans l'histoire de l'art qu'ils veulent exercer, le goût des études sérieuses, à la fois littéraires et historiques, sans lesquelles il est impossible à un artiste de devenir véritablement digne de ce nom.

Lorsque nous considérons tout ce qui doit composer l'enseignement dramatique, il ne faut pas oublier que quelques élèves arrivent au Conservatoire sachant déjà beaucoup, mais c'est là l'exception. Le jury d'admission peut et doit être guidé par une foule de considérations d'ordres différents ; il doit, en général, choisir principalement les candidats présentant des aptitudes physiques ou des dispositions intellectuelles, de préférence à d'autres, peut-être plus complets en apparence, sans doute parce qu'ils ont déjà joué et pris des habitudes de scène plus ou moins mauvaises.

Les qualités d'un candidat ne sont pas plus celles d'un élève que celles de l'élève ne sont les qualités d'un artiste consommé.

Il est plus facile d'apprendre à qui ne sait rien, que de corriger les défauts de certains qui croient savoir beaucoup. Il n'est pas très long d'enseigner les premiers principes de déclamation ; plus difficile est de donner de la voix à ceux qui en manquent, ou de la faire remplacer par l'articulation.

Certaines particularités physiques devraient faire écarter de prime abord quelques candidats du Conservatoire, qui n'est pas institué pour permettre, à un jeune homme ou à une jeune fille, désirant entrer au théâtre, de faire des études sommaires, mais pour préparer des interprètes au répertoire classique et aux œuvres représentées par les théâtres de la *Comédie-Française* et de l'*Odéon*.

Il ne faudrait donc accueillir au Conservatoire que

des candidats dont le physique même ne leur rendrait pas impossible l'abord de ces scènes ; c'est ainsi que nous avons vu fréquemment, non pas de simples élèves, mais des lauréats du Conservatoire incapables de jouer, non seulement les rôles de leur emploi, mais aucun dans le répertoire, et obligés, transfuges involontaires, d'aller chercher un public sur des scènes de genre. Le Conservatoire, nous le répétons, n'a pas été établi pour cela !

*
* *

Les élèves étant reçus par le jury d'admission, les professeurs qui ont assisté au concours choisissent (par ordre d'ancienneté) ceux qu'ils désirent, suivant le nombre de places vacantes dans leur classe.

Les élèves sont informés qu'ils sont obligés de suivre le cours d'Histoire de la Littérature dramatique et engagés à fréquenter les cours de maintien, de danse et d'escrime ; enfin on les invite à suivre les autres classes, comme auditeurs, et à chercher à y donner des répliques.

C'est après avoir suivi les différents cours du Conservatoire, que nous venons en aborder l'examen ; nous commencerons par la classe de M. Got, puis viendront celles de M. Delaunay, de M. Worms, de M. Maubant et de M. Henry de Lapommeraye.

CHAPITRE II

L'ENSEIGNEMENT DE M. GOT

M. Got a bien l'allure brusque et vigoureuse de nos vieux bretons : il est le digne fils de la terre de granit recouverte de chênes de Brizeux. Le nez fort, aux ailes puissantes, est celui d'un chercheur ; ses yeux fins ont parfois une incroyable vivacité d'expression, ou bien encore se fixent sur son interlocuteur comme sans le voir, et comme si sa pensée allait chercher au delà.

Ancien lauréat du concours général, le doyen de la Maison de Molière est fort instruit des choses de son art ; quand il dit à ses élèves que le comédien doit avoir au moins des notions de toutes choses, il peut véritablement les instruire d'exemple.

Au Conservatoire, M. Got se montre ce qu'il est, un excellent homme, lançant fréquemment quelqu'un de ces mots comiques, quelqu'une de ces boutades spirituellement humoristiques qui soutiennent l'attention de ses élèves en les amusant.

M. Got se préoccupe particulièrement du détail de la diction ; à moins de mauvaise volonté absolue, il est impossible à un de ses élèves de conserver un défaut de prononciation, une de ces inflexions persistantes si gravement nuisibles, ou de laisser tomber les finales ; le professeur arrive à ce but en *pointant* la faute, en répétant après l'élève la syllabe ou le mot défectueux sans jamais les laisser passer.

En ce qui concerne le grasseyement, M. Got n'y attache pas plus d'importance qu'il ne faut ; il trouve que le grasseyement, s'il est racheté par l'articulation, vaut mieux que certaines vibrations excessives, et que l'un et l'autre sont laids quand ils se remarquent.

Les détails corrigés, M. Got passe au mouvement général de la scène d'étude qui, bien que ne comptant comme répétition que pour un seul élève, sert également à tous. Un de ses procédés est de lire lui-même et de faire lire la scène en entier par l'élève ; c'est, en effet, le meilleur système pour montrer à celui-ci le mouvement d'ensemble et les périodes montant jusqu'aux divers effets.

Cette étude est surtout importante dans le classique, car la tradition nous a donné les mouvements, le ton, le rhythme des scènes, et en a consacré les effets, tandis que, dans le moderne, la part laissée à l'individualité propre à la nature du comédien, peut et doit être plus grande.

Ces lectures, que fait souvent faire M. Got dans sa classe, sont, en outre, excellentes : la meilleure preuve en est que les élèves s'en tirent généralement très mal, la plupart ne sachant réellement pas *lire* ; or, pour des artistes, il serait banal de faire ressortir dans combien de cas cela est utile, pour soi-même, afin de se rendre mieux compte d'un rôle, pour les autres, afin de donner à l'improviste une réplique, soit en répétant, soit en jouant dans un cas de force majeure ; ou bien encore afin d'être à même de lire quelque œuvre nouvelle. — C'est au point que nous estimons que, non pas le concours public — cela serait impraticable — mais les examens préparatoires devraient comprendre la lecture totale, par l'élève, d'une scène, au choix du jury, dans son mouvement et avec ses divers personnages.

Comme nous le disions en commençant cette rapide étude sur sa classe, M. Got est très instruit et fait profiter ses élèves de cette instruction, chaque fois que quelque personnage important, dans une pièce quelconque, apparaît ; il l'explique ou il indique les moyens de l'étudier ; de même pour tout terme, soit vieilli, soit dévié de son sens primitif, de même encore pour tout mot qu'il suppose inconnu.

Une des grandes préoccupations de M. Got est de s'assurer des vraies dispositions de ses élèves, et il a, au besoin, le courage de les décourager de la *fausse vocation*, si fréquente dans la carrière dramatique, où les jeunes gens sont facilement éblouis par le côté facile et brillant de ce genre de vie ; c'est le plus grand service qu'on puisse rendre à l'élève que de l'éclairer sur lui-même.

On ferait un volume des maximes en matière de théâtre émises par M. Got ou se dégageant de son enseignement. Nous terminerons ce chapitre en en citant quelques-unes :

« Le théâtre est tout de sacrifice : c'est l'art de *lâcher* un grand nombre de choses pour *sauver* les autres et les mettre en relief. »

Ce mot ne résume-t-il pas admirablement tout

l'art dramatique et tous les arts, qui ne vivent que d'oppositions?

« Tout changement d'*idée*, dans le dialogue, doit être préparé par un changement dans la *position* du corps. »

Cette maxime, qui vise non pas le *geste* mais l'*attitude*, est remarquable de justesse; en effet, au théâtre, où l'on doit forcer toutes choses pour être compris du spectateur, le seul moyen d'avertir ce dernier qu'on va entrer dans un ordre d'idées nouveau est de déplacer le corps; de plus, le moindre mouvement, s'il est *juste* et *pensé*, donne presque toujours le nouveau *ton* dans lequel on doit parler.

« Les *temps*, au théâtre, c'est *l'air* dans un tableau. »

De même que l'*air* donne les divers plans de la perspective d'un tableau, ne sont-ce point les *temps* qui les découpent dans le dialogue, ne sont-ce point les *temps* qui, en nous donnant la sensation que le personnage en scène réfléchit entre ses phrases ou ses mots, le rendent vivant, pensant, et excluent toute idée de vulgaire *récitation* ?

* * *

Comme tous ceux qui connaissent vraiment bien le

théâtre, M. Got n'est pas naturaliste. Il faut que l'on sente le *nu* sous la *draperie*, dit-il, mais la draperie doit subsister. Nous l'avons entendu faire, un jour, cette définition : « Le comédien est un être qui n'a pas d'ombre. » Pas plus que l'ombre du comédien ne se porte sur les fonds, à cause de l'éclairage intérieur de la scène, sur la terre, à cause de la rampe, pas plus on ne doit chercher d'autre *réalité* en lui que celle des sentiments, et encore doivent-ils être, eux aussi, calculés et grandis de même que des décors ou des costumes, ou des œuvres d'art *décoratives* quelconques destinées à être vues *à distance*.

Parmi les nombreuses maximes que nous avons entendu formuler par M. Got, les précédentes nous ont paru devoir être citées, tant à cause de leur vérité, qu'en raison de leur générale application.

En résumé, les tendances principales de l'enseignement de M. Got nous semblent être : 1° un grand soin du détail dans l'articulation et la diction ; 2° un travail spécial de lecture dont nous avons fait ressortir les avantages ; 3° une étude raisonnée du *mouvement général* des scènes et *de leur rhythme*, suivant l'expression même du professeur.

Enfin, avec son instruction supérieure qu'il sait mettre à la portée de chacun, M. Got ne fait pas seulement une classe de déclamation : c'est, à la fois, un cours d'histoire, de littérature, de sciences même, un cours habilement généralisé pour les futurs comédiens,

CHAPITRE III

L'ENSEIGNEMENT DE M. DELAUNAY

M. Delaunay; c'est l'homme fin, élégant, doué de la voix la plus charmante qu'on ait jamais entendue au théâtre.

Bien proportionné, M. Delaunay devait prendre des années sans vieillir, et le temps écoulé n'a eu d'autre résultat que de lui apporter plus de science et, de mûrir le talent sans atteindre l'homme. Au reste, le théâtre n'est pas, ce nous semble, la nature même, mais la représentation de la nature par ce qui nous en donne la sensation. M. Delaunay disait très justement un jour, devant nous, à l'un de ses élèves, jeune homme de dix-sept ans, jouant Horace de *l'École des Femmes* : « Ce n'est pas *jeune*, ce que vous faites : enfin, dans quelques années, quand vous le serez moins vous-même, votre jeu le deviendra peut-être ! »

M. Delaunay est l'homme aimable entre tous ; il a bien la politesse des grands siècles dont il a si finement rendu les caractères ; il aime la Comédie-Française, qu'il n'a jamais quittée, il en chérit et respecte les traditions, il en conte spirituellement, avec plaisir et fierté, les légendes qu'il a reçues des anciens de la Maison et que les jeunes d'aujourd'hui pourraient recevoir de sa bouche.

Récemment, on a parlé de son départ : c'eût été un grand vide, et pour l'art et pour la Maison de Molière elle-même, qui eût perdu en M. Delaunay un de ceux qui sont le plus attachés aux souvenirs de son passé, à sa gloire et à sa prospérité artistiques.

.·.

M. Delaunay fait sa classe avec passion et s'intéresse non seulement à ses élèves, mais à tout élève. Les *auditeurs* sont nombreux ; à la fin de l'année, le maître, après sa classe, entend volontiers les plus assidus d'entre eux et leur donne toujours un encouragement.

Il consacre à ses élèves tout le temps dont il peut disposer ; sa classe se prolonge au-delà de l'heure strictement réglementaire ; il se rend compte du peu de temps qui revient à chacun, dans les quatre heures de classe par semaine, et fait de son mieux pour remédier à cet inconvénient et à cette insuffisance.

M. Delaunay s'occupe beaucoup du jeu et de la mise en scène ; il veut que ses élèves prennent l'habitude de jouer les scènes non seulement dans leur mouvement, mais avec la *mise en scène* consacrée ; à chaque instant, il monte sur le petit théâtre d'étude afin de régler quelque mouvement que leur inexpérience ou leur gaucherie les empêchent de comprendre ou d'exécuter ; c'est merveille de voir alors l'élève, à qui le maître donne la réplique, se transformer à son contact, et paraître, pendant ces courts instants, infiniment supérieur à ce qu'il était un peu auparavant et à ce qu'il redeviendra lorsqu'il sera de nouveau livré à lui-même ; ce système est fort bon. Si l'on défend aux élèves de jouer hors du Conservatoire, où donc apprendront-ils *le jeu*, pour ne pas arriver à un concours absolument incapables de se remuer, d'agir, de marcher, de faire un geste ! Ce n'est pas tout que de parler purement : la *diction* n'existe pas seule, le *jeu* peut avoir une place dans l'enseignement, au second plan évidemment, mais une place.

M. Delaunay monte des scènes à plusieurs personnages en vertu du même principe que nous ne saurions trop louer, les différents emplois des élèves s'accentuant mieux quand ils sont mis en contact les uns avec les autres ; ils prennent l'habitude de s'entr'aider ou de se défendre des surprises en cas d'accident survenu à l'un d'eux ; enfin, comme on ne joue pas la comédie *seul*, ils apprennent véritablement leur art, le *monologue* étant la négation même du théâtre.

M. Delaunay tient aussi à faire étudier la totalité d'un rôle, les élèves ayant une tendance à apprendre une foule de scènes isolées de pièces différentes, sans avoir presque même lu la scène qui précède ou celle qui suit. Il est certain qu'il est impossible de jouer avec intelligence une scène si l'on ne connaît pas bien le personnage que l'on représente, et de le connaître si on ne l'a pas étudié dans toutes les scènes et dans chaque acte.

⁂

M. Delaunay ajoute encore à son enseignement tout ce qui lui semble devoir faire aimer son art aux élèves ; ce sont des anecdotes toujours instructives et intéressantes sur les grands artistes disparus, soit sur ceux d'hier — il fait alors appel à ses propres souvenirs — soit sur les maîtres anciens : il raconte en ce cas quelqu'un des faits concernant les Talma, Fleury, etc..... — Il prend même le soin d'indiquer dans quel ouvrage, dans quels mémoires il les a trouvés, de manière à donner à la jeunesse qu'il instruit le goût ou tout au moins l'idée de lire aussi ces monuments de la vie de leurs illustres prédécesseurs dans l'art dramatique.

Souvent aussi, M. Delaunay, qui joint à la jeunesse persistante du talent la maturité de l'homme qui a beaucoup vu, recherche, dans ses notes de Conservatoire ou de théâtre, — prises à une époque où l'on travaillait plus qu'aujourd'hui, — et déroule la liste interminable des rôles qu'on étudiait alors dans une seule année. C'est de cette manière qu'il rend sa classe agréable, amusante même, et vit dans une sorte d'intimité paternelle avec ses élèves. Il parvient, en leur montrant ainsi combien il a dû travailler lui-même, pour arriver à la situation qu'il occupe, à développer en eux ce goût du travail et cet amour de l'art, sans lesquels toutes les dispositions personnelles ne servent de rien.

*
* *

Ce qui se dégage principalement de l'enseignement de M. Delaunay, c'est l'étude simultanée des divers emplois dans des scènes entières ; c'est le travail de jeu et de mise en scène commencé afin de débrouiller l'élève, de le rendre moins gauche et capable de faire quelque chose ayant une *figure théâtrale*; enfin, les conseils sur la carrière, les exemples fournis par les *anciens*, voilà le corollaire précieux de cet enseignement qui ne s'adresse, ainsi compris, pas seulement à l'*artiste*, mais à l'*homme*.

CHAPITRE IV

L'ENSEIGNEMENT DE M. WORMS

M. Worms a une énergie, une volonté s'imprimant à sa personne physique et à sa personnalité morale ; son être, son jeu, tout s'en ressent. Aussi, sans être grand, il le paraît, et ses inflexions élargies et fermes augmentent de beaucoup l'ampleur de sa diction.

M. Worms est d'une nature sérieuse : observateur, il regarde autour de lui, écoute beaucoup et parle peu. Au repos, son visage un peu sombre, lorsqu'il vient à sourire, s'illumine étrangement du reflet de ses yeux clairs ; M. Worms plaît beaucoup ou déplaît de même : il n'est jamais indifférent.

De beaucoup le plus jeune des quatre professeurs, il n'est au Conservatoire que depuis trois ans ; il y a trouvé une classe désagrégée, celle de Monrose, pleine d'élèves découragés, insuffisants. En quelques mois, à force d'énergie, il est arrivé à galvaniser quelques-uns d'entre eux, à développer rapidement les qualités des nouveaux venus et à mettre sa classe en état de figurer plus qu'honorablement au concours de fin d'année.

M. Worms, avec ses élèves, a cette raideur polie qu'il apporte presque partout ; c'est le plus sévère des maîtres. Dans sa classe, on ne peut rester stationnaire : il faut travailler. Lorsqu'un de ses élèves ne lui apporte aucun effort nouveau, depuis la leçon précédente, dans la scène qu'il répète, M. Worms le fait immédiatement descendre de scène afin de ne pas faire perdre leur temps à ceux qui travaillent sérieusement ; nous ne saurions trop l'en applaudir, car le manque de sanction est ce qui peut nuire le plus à l'autorité du professeur au Conservatoire, qui n'a pas la ressource des *Pensums ;* et, n'est-ce pas la meilleure de toutes que celle qui consiste à supprimer à l'élève paresseux la leçon dont il ne veut pas profiter et dont il fait tort à ses camarades ?

M. Worms s'occupe beaucoup des détails de la diction, de la tenue, du maintien en scène, du geste, dont il recommande de ne faire usage que d'une manière très sobre, préférant de beaucoup l'immobilité même à une trop grande agitation. — Un geste faux vient si souvent détruire tout l'effet de la parole qu'il vaut mieux ne s'y exposer qu'avec une grande prudence.

La mise en scène attire ses soins, non pas celle qui est spéciale à telle ou telle scène d'une façon absolue, mais les questions générales, comme, par exemple, la manière, pour deux personnages, de s'élancer dans les bras l'un de l'autre. — Il généralise toujours ces indications afin de les rendre capables de s'appliquer dans beaucoup de situations et pour éviter de tomber dans la puérilité.

M. Worms communique à ses élèves un peu de la netteté et du *nerf* de sa diction ; il lutte aussi contre le *chant*, ce qu'il appelle la *tyrolienne*, dans lequel tombent si volontiers les jeunes comédiens lorsqu'ils veulent parler avec noblesse.

De même que M. Delaunay, il monte souvent sur la scène pour mettre en place les élèves, pour indiquer tel ou tel mouvement, et leur montrer la façon d'exécuter certains jeux de scène, ou de donner certaines répliques difficiles.

Il s'oppose à ce que les élèves jouent au dehors ou en province ; il leur recommande également de travailler ensemble les scènes d'étude qu'ils doivent répéter à la classe. Il est évident que, pour chacun, le travail isolé ne peut valoir celui fait avec la réplique et dans le mouvement; que, travaillant à deux ou trois, on se corrige l'un l'autre, on se rappelle mieux les indications du maître, et que, dans ces conditions-là seulement, la leçon peut être donnée par le professeur d'une manière utile pour tous.

Il tient particulièrement à ce que les répliques soient *sues* et non données au moyen du livre, ce qui paralyse tout jeu et tout mouvement même dans la scène.

***

La simplicité dans le débit, la netteté et la fermeté dans l'articulation, qui font valoir la voix chez les uns et arrivent à la remplacer chez les autres, une grande *vérité* dans le jeu : ajoutons à cela les qualités mêmes du professeur, cette autorité nerveuse de la parole, la merveilleuse justesse de l'intonation, la sobriété remarquable du geste : tels sont les caractères qui distinguent cet enseignement essentiellement pratique et *vivant*.

CHAPITRE V

L'ENSEIGNEMENT DE M. MAUBANT

Voici de longues années que M. Maubant supporte seul ou presque seul le pesant fardeau des *pères nobles* dans les tragédies et les comédies du répertoire; indépendamment même du talent qu'il y met, le fait est, très honorable et lui doit acquérir la reconnaissance de tous ceux qui aiment notre langue et admirent nos classiques.

⁂

Afin d'éviter les redites, nous ne pouvons entrer dans autant de détails que nous le voudrions: constatons seulement le soin et l'attention avec lesquels M. Maubant fait sa classe ainsi que sa préoccupation des détails de la diction.

Il avait été, paraît-il, quelque temps, question d'établir une classe de *tragédie* dont la direction lui eût été donnée ; ce projet offrait certainement quelques avantages, mais trop d'inconvénients, dont le moindre était que beaucoup d'élèves, étudiant à la fois la tragédie et la comédie, eussent dû appartenir en même temps à deux classes différentes.

.*.

L'éminent tragédien, afin sans doute de ne pas être accusé de se montrer trop *tragédien*, bien que gardant au fond du cœur de secrètes préférences, prodigue plus de soins peut-être à la comédie ; il fait profiter ses élèves de sa grande expérience de la scène, et, digne dépositaire des vieilles traditions classiques, les leur confie à son tour.

Il fait étudier l'emploi du geste, le raisonne et l'indique d'une manière judicieuse, faisant, avec son aide, augmenter la force de certains mots ou atténuer l'effet de certains autres. Il fait toujours dire à l'élève auquel il donne leçon, deux fois sa scène d'étude ; la première fois, d'un bout à l'autre, sans l'interrompre ; il prend seulement quelques notes ; puis, la scène terminée, au moyen de ces notes, il explique à l'élève quelles erreurs il a commises, quels mouvements il a coupés, quels effets il a manqués, et, lui faisant reprendre pour la seconde fois la scène, il peut l'arrêter sans nuire au mouvement général, et sans risquer de déconcerter le jeune comédien. — Ce procédé permet de mieux voir, dans une scène nouvelle, comment l'élève est capable d'étudier et de composer lui-même quelque chose, et, dans une scène déjà travaillée, s'il a profité des indications données pendant les leçons précédentes.

Il est toujours temps, quand le professeur a vu ainsi l'aspect *d'ensemble* de la scène, de revenir sur le détail et d'en polir les imperfections. — M. Maubant est bien obligé, pour les élèves nouveaux qui ne seraient pas capables d'apporter un travail premier suffisant, d'entrer, dès l'abord, dans le détail ; mais, pour ceux de deuxième ou de troisième année, le système qu'il a adopté est un des meilleurs qui se puisse concevoir.

****

C'est ce qui nous a semblé, avec le respect religieux des grandes traditions classiques, caractériser l'enseignement de M. Maubant, qui n'a repris que depuis deux ans à peine, au Conservatoire, la classe de M. Regnier.

CHAPITRE VI

LE COURS D'HISTOIRE DE LA LITTÉRATURE DRAMATIQUE

FAIT PAR M. HENRY DE LAPOMMERAYE

Quelques mots d'abord sur l'historique du cours, qui a passé par de nombreuses vicissitudes avant de parvenir au succès obtenu par M. de Lapommeraye.

En 1812, le publiciste Victorin Fabre en avait été chargé, et ne l'avait conservé que quelques mois à peine. Ce cours, n'étant pas suivi, avait été supprimé.

Le 22 décembre 1854, un arrêté ministériel rétablissait cette chaire ; M. Samson était nommé professeur et faisait l'ouverture de ses cours le 9 décembre 1855 ; sa classe n'ayant pas semblé, à ce moment, d'une utilité absolue, elle ne put avoir encore qu'une assez courte durée.

Ce n'est qu'en 1878 que cette chaire, véritablement utile, indispensable même, a été rétablie et confiée au célèbre conférencier qui l'occupe aujourd'hui.

***

La première année a été consacrée à l'étude du théâtre en Grèce, à Rome, pendant le Moyen Age, et à dégager les origines de l'art dramatique français.

***

La deuxième année, la grande trinité classique a servi de texte au professeur, et toutes les œuvres de Corneille, Racine et Molière ont été étudiées, *prises une à une* dans leurs détails, ce qui n'avait jamais été fait jusqu'alors dans un cours semblable.

***

La troisième année, M. de Lapommeraye, comprenant qu'il y a de ces génies qui ne sont d'aucune nationalité parce qu'ils appartiennent au monde entier, comme celui de Molière, l'a passée tout entière à l'examen détaillé du théâtre de Shakespeare.

***

La quatrième année a été occupée par les classiques de second ordre, Marivaux, Regnard, Voltaire, Diderot, Mercier et Beaumarchais.

* *

Enfin la cinquième année, M. de Lapommeraye vient de conduire les élèves à travers l'époque de la Révolution jusqu'au grand mouvement romantique de 1830, avec les Ducis, Chénier, Fabre d'Églantine, Colin d'Harleville, Legouvé, Andrieux, Lemercier, Arnault, Picard, Renouard, Lebrun, Delavigne, en y comprenant même Gœthe et Schiller.

Ce cours peut donc, après cette durée brillante de cinq années, être considéré désormais comme faisant partie de l'enseignement du Conservatoire et définitivement fondé. — Et comme une histoire de la littérature dramatique ne peut permettre de laisser de côté, après les auteurs, certains interprètes illustres de la grande époque qui a signalé l'avènement du xix⁰ siécle, M. de Lapommeraye a esquissé les grandes figures de Talma, Lafont, Joanny, Monvel, Firmin, et celles de Mlles Duchesnois, Georges, Contat et Mars.

* *

Ce cours est une causerie aimable : le maître tient beaucoup à rester en communion d'idées avec ses auditeurs et à marcher avec eux. Les proportions de la salle sont trop restreintes pour la foule qui la remplit, car, aux élèves de déclamation, de chant, de composition et de musique viennent se joindre les nombreux auditeurs étrangers, que M. de Lapommeraye appelle avec plaisir ses « Volontaires » et qui suivent avec intérêt le développement de ce cours, depuis son rétablissement.

*
* *

M. de Lapommeraye fait d'abord connaître le personnage dont il va étudier les œuvres, puis, prenant pièce par pièce et acte par acte, analysant la situation, lisant les scènes capitales, il fait, dans une improvisation, un commentaire appréciateur de l'œuvre elle-même au point de vue dramatique ou littéraire, historique ou moral ; il est souvent forcé de passer rapidement sur certains points, de n'en étudier d'autres qu'un peu superficiellement ; son genre d'auditoire l'y oblige, car il est contraint de proportionner son enseignement à l'intelligence non pas de ses auditeurs volontaires, qui ont, pour la plupart, une instruction suffisante, mais à celle des élèves du Conservatoire, qui, fort jeunes, ne pourraient être toujours à la hauteur de certains développements particulièrement littéraires.

M. de Lapommeraye a trouvé le moyen de captiver les érudits par des aperçus nouveaux, et d'intéresser les élèves en leur donnant le goût d'étudier les œuvres qu'il leur faisait si bien connaître, les mettant à même de les mieux comprendre après une telle préparation.

Avec sa bonne grâce habituelle, il est toujours à la disposition de ses élèves, de ses auditeurs, de quiconque s'intéresse aux études auxquelles il a consacré sa vie ; chacun peut s'adresser à lui, sûr d'en obtenir un conseil salutaire.

M. de Lapommeraye tient moins à être un maître qu'un ami pour ses auditeurs.

CHAPITRE VII

COURS ACCESSOIRES

En outre des cours de déclamation, il y a au Conservatoire des classes de maintien, de danse et d'escrime.

La classe de maintien et de danse est faite, pour les hommes, par M. Petipa, maître de ballet à l'Opéra, et pour les femmes, par Mme Marquet.

Il est inutile de monter à quel point ces classes sont nécessaires, pour habituer les élèves à marcher, à se tenir convenablement, à saluer même au besoin, le salut de la Renaissance n'étant pas plus celui du temps de Louis XV, que celui du siècle de Louis XIV n'est le salut moderne.

Ce qui est regrettable, c'est qu'avec l'absence de sanction qui caractérise toutes les obligations du Conservatoire, les élèves ne suivent presque jamais ces classes ; aussi arrivent-ils au théâtre, après avoir obtenu des prix, sans savoir ni se tenir, ni marcher.

*
* *

Le cours d'escrime, sauf quelques rares élèves qui en font par goût, est encore moins suivi.

DEUXIÈME PARTIE

LE CONSERVATOIRE DE DÉCLAMATION

CHAPITRE PREMIER

LE CONSERVATOIRE DE DÉCLAMATION

Nous avons examiné ce que vaut, à l'heure actuelle, au Conservatoire de déclamation, l'enseignement, et nous avons constaté que les différentes méthodes des professeurs étaient excellentes.

Ce ne sont donc point les maîtres qu'il faut blâmer : c'est le mode d'administration qui devient de jour en jour plus défectueux, c'est la manière dont on admet les élèves, dont on les examine, dont on les récompense. Ce qui était passable dans l'ancienne organisation du Conservatoire de déclamation, est devenu mauvais, et cela par la force même des choses, sans qu'on puisse attaquer en rien les personnalités administratives.

**

Examinons ce que *devrait* être et ce que *pourrait*

être le Conservatoire de déclamation, en un mot, les réformes les plus nécessaires à y apporter.

Il y a quelque temps, M. Henry Fouquier, dans une remarquable préface aux *Annales du Théâtre et de la Musique*, intitulée la *Maison de M. Perrin*, après avoir constaté la prospérité actuelle de la Comédie-Française, s'exprimait en ces termes :

« Tout cela n'empêche pas des esprits qu'on trouve
« chagrins et que j'estime avisés, d'être inquiets de
« l'avenir de la Comédie. Oh ! je le sais ! Le danger
« n'est pas pour demain, mais il existe pour après
« demain peut-être, pour un peu plus tard à coup
« sûr. Or, la Comédie est une institution d'État. Il
« n'est pas permis de limiter son développement à une
« période étroitement calculée sur la vie de quelques
« hommes. Gouverner, c'est prévoir, et l'administra-
« tion de la Comédie doit être un acte constant et
« continu du gouvernement. »

Mais avant de prévoir l'avenir de la Comédie-Française, ne devrait-on pas songer à l'avenir du Conservatoire, qui n'est autre chose qu'une école élémentaire, préparatoire, dépendant, tout comme les deux Théâtres-Français, du Ministère des beaux-arts et étant, par suite, une institution d'*État* ?

Pas plus que le Théâtre-Français, le Conservatoire n'est une entreprise théâtrale : c'est une école *de prévoyance* destinée à former des comédiens d'élite ; c'est la pépinière des artistes pour nos grandes scènes nationales.

* *

L'école de musique tient au Conservatoire la première place et c'est justice, puisqu'elle doit former et des *compositeurs* et des *exécutants*. Toutefois, n'est-il pas étonnant qu'une ville, qui s'honore d'être la plus hospitalière aux artistes dramatiques, ne possède qu'un Conservatoire à double fin dirigé par un compositeur de musique ? Que dirait-on si la Comédie-Française était confiée à M. Charles Gounod, si l'Opéra était livré à M. Émile Augier ?

On nous objectera, qu'avant le directeur actuel, c'était déjà un musicien, M. Auber, qui gouvernait notre école de déclamation : oui, certes ! Mais il est évident qu'en ces dernières années surtout, le Conservatoire de déclamation n'a pas atteint le but désirable.

Il y avait un temps où, pour être admis au Conservatoire, il fallait plaire au directeur et rien qu'au directeur. Et malgré ce despotisme directorial, l'auteur des *Diamants de la Couronne*, il faut le reconnaître, avait parfois le goût bon, puisque c'est sous sa direction que se formèrent les Got, Delaunay, Coquelin, Worms, Thiron, Laroche, Mounet-Sully, les

Madeleine Brohan, Jouassain, Reichenberg, Croizette et tant d'autres.

.·.

La première de toutes les réformes serait celle-ci : créer deux écoles distinctes, l'une réservée à l'art musical, l'autre à l'art dramatique ; si l'on ne *construit* point, ainsi qu'il en est question depuis si longtemps, deux établissements spéciaux, qu'on nomme du moins deux directeurs ou administrateurs — le nom ne fait rien à l'affaire — l'un chargé de l'école de musique, l'autre de celle de déclamation.

CHAPITRE II

LES CONCOURS D'ADMISSION AU CONSERVATOIRE

Il y a, pendant l'année scolaire, quatre concours au Conservatoire :

1o En octobre, le concours d'admission aux classes ;

2o En janvier, le concours des pensions ;

3o En juin, l'examen d'admission au concours de fin d'année ;

4o En juillet, le concours de fin d'année.

Tous les élèves, indistinctement, subissent le concours de janvier et celui de juin.

Au concours d'octobre prennent part seulement les aspirants élèves.

Enfin, les jeunes gens seuls, qui ont passé avec succès l'examen de juin, sont admis au concours de fin d'année, celui de juillet, le seul qui soit *public*.

Un jury, qui assiste à tous ces concours, statue sur l'admissibilité des candidats : il était composé, en

1882, de MM. Camille Doucet, Alexandre Dumas, Des Chapelles, Emile Perrin, de La Rounat, Jules Barbier, Legouvé, Regnier, Edouard Thierry, Febvre, et présidé par M. Ambroise Thomas, directeur du Conservatoire de musique et de déclamation.

Chaque cours de déclamation a lieu deux fois par semaine : un cours dure deux heures : il est composé de douze élèves environ : le professeur peut donc consacrer, à chaque leçon, dix minutes à chaque élève. Dix minutes pour un élève, c'est peu : et encore, n'est-ce même pas une leçon particulière de dix minutes, c'est plutôt vingt minutes qu'il donne à deux élèves à la fois ou quarante à quatre élèves en même temps, car ce ne sont point des monologues que l'on débite, mais des scènes entières, — et une scène compte souvent quatre personnages.

De deux choses l'une : ou les cours sont trop nombreux, ou bien il n'y a pas assez de chaires de déclamation, — car il est évident que MM. Got, Delaunay, Worms et Maubant, qui sont constamment sur la brèche à la Comédie-Française, soit dans la journée, soit le soir, lorsque les besoins du service les réclament au théâtre, ne peuvent donner plus de deux leçons de deux heures par semaine au Conservatoire.

S'il n'y a pas assez de chaires de déclamation, qu'on en crée, et qu'on appelle à ce poste des comédiennes, comme jadis. Mme Favart, Mme Dinah Félix, Mlle Delaporte, seraient, sont déjà, d'excellents professeurs de déclamation. Pour ce qui est de Mme Madeleine Brohan, l'artiste personnifiant de la façon la plus complète la *tradition* à la Comédie-Française, sa nomination comme professeur au Conservatoire serait, sans contredit, accueillie avec joie par tous; nous ne parlons point de Mme Arnould-Plessy, qui aurait, paraît-il, refusé, il y a deux ans, la chaire laissée vacante par M. Regnier. — Mais l'antique routine règne au Conservatoire : il serait bien surprenant qu'on créât de nouvelles chaires de déclamation et surtout qu'on y appelât des femmes.

Si, au contraire, les cours sont trop nombreux, c'est que le jury se montre trop indulgent aux concours d'admission : on reçoit, au Conservatoire, l'expérience l'a prouvé, des jeunes gens n'ayant aucune aptitude pour le théâtre, gênants pour les autres élèves et pour les maîtres. Que ceux-là — les incapables — on les laisse à la porte, et qu'on n'admette que les personnes ayant de réelles qualités dramatiques.

_ *

Ainsi seulement, le Conservatoire sera l'école des comédiens d'avenir, les classes seront moins nombreuses, le professeur consacrera plus de temps à ses élèves.

A l'heure qu'il est, au contraire, le Conservatoire n'est point une école d'élite, c'est le rendez-vous général des jeunes gens qui se destinent au théâtre.

CHAPITRE III

LES CONCOURS DES PENSIONS

C'est, pour l'administration du Conservatoire, il faut l'avouer, une tâche délicate que celle qui consiste à établir les ressources que possède la famille de chaque élève. De plus, le Conservatoire, s'il est aujourd'hui le rendez-vous général des jeunes gens se destinant au théâtre, n'est point, par cela même, une école professionnelle de morale.

Dans de telles conditions, le concours des pensions n'a plus qu'une utilité contestable. La pension s'élève à 600 francs par an : pour certaines jeunes filles, cette pension, loin d'être une nécessité, n'est évidemment même pas un besoin : il faudrait donc réserver cette faveur pour les élèves à qui elle pourrait servir de secours. Mais on serait alors forcé de faire, tant au point de vue matériel qu'au point de vue moral, un recensement impraticable.

Si le Conservatoire était encore composé d'internes, rien de mieux : les pensions pourraient être réparties équitablement, car des notes quotidiennes seraient prises sur les élèves, et les pensions équivaudraient *aux bourses* accordées dans les lycées aux élèves à la fois pauvres et méritants. Mais l'internat au Conservatoire, en 1883, proh pudor ! Répartir les pensions uniquement d'après les ressources est donc impossible.

D'un autre côté, décerner les pensions suivant mérite nous semble également difficile. Car ce ne sont plus alors des pensions qu'on distribue, mais des *avant-prix* de 600 francs. On attribue environ deux pensions à chaque classe; il y a quatre classes; c'est donc une somme de 4,800 francs qui est allouée annuellement au Conservatoire, sans compter les encouragements accordés par le Ministère des beaux-arts aux élèves pauvres qui n'ont point obtenu de pension.

Qu'elles soient réparties suivant les ressources ou selon les mérites de l'élève, les pensions sont inutiles; dans le premier cas, elles ont l'inconvénient d'être distribuées plus d'une fois à des élèves qui n'en ont aucunement besoin; dans le second, les pensions sont des prix : et décerner des prix au mois de janvier, après trois mois de travail, est peut-être prématuré, surtout lorsque ces prix coûtent 4,800 francs, qu'il serait plus simple de distribuer à titre de secours aux élèves réellement nécessiteux.

Si nous concluons strictement à la suppression des concours des pensions, ce n'est pas seulement la raison de leur inutilité qui nous y pousse : c'est aussi qu'actuellement le jury distribue les pensions tantôt d'après le mérite, tantôt d'après les ressources de l'élève : en un mot, aucune règle n'est établie : on ne sait si la pension est un secours ou une récompense.

Qu'on voie plutôt ce qui se passe; un élève ayant obtenu du jury une pension au mois de janvier, est trouvé insuffisant par le même jury à l'examen de juin, et n'est pas admis à concourir à la fin de l'année. De là, récriminations légitimes. Comment! voilà un élève auquel on accorde une pension de 600 francs en janvier, une récompense par conséquent, et on la lui enlève en juin! L'élève, alors qu'il est pensionné, n'eût-il fait aucun progrès, devrait être de droit admis à concourir : en lui interdisant le concours, le jury se déjuge.

Si l'on ne veut point supprimer ces concours, qu'on établisse, du moins, que les pensions seront réparties uniquement d'après le mérite des élèves, et que tout élève *pensionné* sera admis *de droit* à concourir à la fin de l'année.

Mais mieux vaut supprimer le concours des pensions, qui n'a pas de but défini ; qu'on distribue ces encouragements sous forme de secours aux élèves seuls qui en feront la demande et sur la situation pécuniaire desquels l'administration pourra faire une enquête.

Il faudrait cependant constater que, cette année, après le concours de janvier, sur la demande des professeurs, les *entrées* à la Comédie-Française et à l'Odéon ont été accordées à certains élèves dont le travail était satisfaisant.

C'est la première réforme qui ait été faite au Conservatoire de déclamation depuis bien des années ; elle est due uniquement à l'initiative de MM. Got, Delaunay, Worms et Maubant, et au bon vouloir de MM. Émile Perrin et de La Rounat.

Mais un concours est-il nécessaire pour distribuer ces faveurs ? Nous ne le pensons pas : la réunion de MM. les jurés, là encore, est inutile : il serait plus simple de charger les professeurs de demander pour leurs élèves ces sortes de récompenses, lorsqu'ils le jugent à propos.

CHAPITRE IV

DE L'EXCLUSION ET DU REMPLACEMENT DES ÉLÈVES.

Il arrive souvent qu'en janvier, à la suite du concours des pensions, les jurés décident le renvoi d'un élève n'ayant fait aucun progrès : c'est là une mesure des plus justes, mais au moins faudrait-il remplacer l'élève renvoyé. Si le concours d'admission au Conservatoire était fait d'une façon régulière, si, comme dans toutes les autres écoles du gouvernement, un classement général des candidats était établi au commencement de l'année, on appellerait le premier des *non admis* en octobre pour remplacer l'élève renvoyé dans le courant de l'année scolaire.

Supposons, par exemple, que douze jeunes gens sur cent aspirants soient admis au concours d'admission. Eh bien ! si l'on classait, en octobre, les cent jeunes gens par ordre de mérite, il serait facile d'appeler le treizième, le quatorzième, etc., lorsqu'il y aurait lieu de remplacer un élève ayant quitté le Conservatoire, soit pour cause de maladie, soit à la suite d'un rapport dressé par le maître sur son incapacité : car ce seraient les maîtres et non plus les jurés qui décideraient le renvoi des élèves, les examens *intermédiaires* étant supprimés : et d'ailleurs, actuellement, quelques erreurs ne se produisent-elles point ? Les jurés entendent un élève durant trois minutes : ils le trouvent faible et le renvoient : l'exclusion, décrétée par le professeur, qui connaît et suit le travail, est bien préférable : faite par le maître, l'exclusion est motivée : par les jurés, elle est souvent arbitraire.

CHAPITRE V

LES EXAMENS DE JUIN

La question des examens d'admission au concours de fin d'année est étroitement liée à celle du concours d'admission au Conservatoire. Si le Conservatoire était une école supérieure, si le jury, au mois d'octobre, admettait moins d'élèves, le concours de juin n'aurait plus aucun but, car tous les élèves, sans exception, pourraient concourir à la fin de l'année : il serait inutile d'en exclure, comme aujourd'hui, un certain nombre ; enfin, ce serait non plus aux jurés, mais aux maîtres qu'incomberait le soin de désigner ceux de leurs élèves capables de concourir soit en comédie, soit en tragédie, soit dans les deux branches à la fois.

* *

De même que des élèves *pensionnés* en janvier ne

sont pas admis à concourir à la fin de l'année, de même parfois des élèves *récompensés* en juillet, ayant obtenu un accessit ou même un prix, sont, l'année suivante, exclus du concours. Dans ces deux cas, le jury se déjuge, et l'inconvénient est en juin plus grave encore : on fait perdre une année entière à l'élève.

Ce sont là des abus qu'il faut réprimer : nous ne nous faisons point l'écho de récriminations et nous n'ignorons pas qu'à chaque examen, qu'à chaque concours, la mission du jury est pénible, mais c'est précisément pour ce motif que nous demandons la suppression des concours de janvier et de juin : la tâche du jury n'en deviendra que plus aisée.

Avant de terminer, quelques mots sur les élèves étrangers. Au premier concours on admet ou l'on refuse les étrangers : la porte du Conservatoire ne leur est donc pas fermée, mais c'est en juin seulement qu'on les avertit qu'ils ne peuvent concourir en juillet.

Ainsi, des élèves, lauréats du Conservatoire de Bruxelles, sont admis au Conservatoire de Paris ; ils concourent en janvier et obtiennent une pension ; c'est donc peut-être une preuve que leur travail est bon ; à l'examen de juin, ils se voient exclus du concours de fin d'année, non point parce qu'ils sont faibles, mais uniquement parce qu'ils sont étrangers ; il faut, leur disent messieurs les jurés, que vous passiez encore un an au Conservatoire avant d'avoir le droit de concourir. On ne prévient l'élève ni en octobre, quand il entre au Conservatoire, ni en janvier, au concours des pensions ; bien plus, on l'encourage, on le *pensionne*, et c'est en juin seulement, alors qu'il a passé sept mois au Conservatoire dans le seul but d'obtenir une récompense en juillet, qu'on lui apprend que sa qualité d'étranger l'empêche de jouir du même droit que ses camarades. Il eût été bien préférable, pour ces lauréats du Conservatoire de Bruxelles, de prendre quelques leçons particulières, de passer une audition dans un théâtre de genre ou même à la Comédie-Française, et d'y entrer direc-tement, ainsi que cela s'est déjà fait.

Que les étrangers passent deux années et même trois au Conservatoire, rien n'est plus juste, et certes tous les élèves devraient être astreints à cette règle : ce serait là *une condition d'admission* qui détourne-rait du Conservatoire bien des amateurs qui viennent y passer trois mois, six mois, pour courir ensuite les théâtres de province, s'intitulant lauréats du Conser-vatoire de Paris.

Mais que la règle soit commune : qu'on laisse concourir les étrangers comme les autres, et surtout, qu'on n'invoque pas leur titre d'étranger, seulement à l'époque de l'examen de juin.

Du moment que les étrangers sont admis au Conservatoire de Paris, ils doivent être soumis aux mêmes règlements que leurs camarades : ils sont devenus artistes Français, du jour de leur entrée dans cette école.

CHAPITRE VI

LES CONCOURS DE FIN D'ANNÉE

LE THÉATRE DU CONSERVATOIRE

La suppression des concours de janvier et de juin rend nécessaire l'organisation de représentations au théâtre du Conservatoire, car c'est bien *théâtre* qu'est appelée la salle du Conservatoire, quoi qu'on n'y donne chaque année qu'une seule représentation dramatique, celle du concours.

Il y a longtemps pourtant que MM. Sarcey, Vitu, Fouquier, Coppée, Besson et d'autres critiques compétents en matière théâtrale, ont réclamé l'organisation de représentations mensuelles au Conservatoire. On connaîtrait mieux les élèves sur lesquels, dans les conditions présentes, l'on ne peut avoir, lorsqu'ils sortent de scène, une opinion précise. Comment juger un élève qu'on a entendu *dix minutes*, pendant lesquelles il tremblait de peur? Cette émotion *théâtrale*, au contraire, est moins forte lorsque l'*acteur* est réellement en scène et qu'il est soutenu par ses camarades. Au Conservatoire, ni costumes, ni accessoires, rien qu'un simple habit noir !

Si l'on remarque les conditions déplorables dans lesquelles l'élève se présente au public, on pourra sans peine déduire de là qu'actuellement le jury se trompe plus d'une fois lorsqu'il décerne les récompenses et que les premiers nommés ne tiennent pas toujours les espérances fondées sur eux.

Qu'on lise les intéressants articles publiés dans le *Figaro*, par M. Charles Darcours, sous le titre : *Les anciens lauréats du Conservatoire*, et l'on verra qu'aucun des artistes tenant aujourd'hui à la Comédie-Française le premier rang parmi les jeunes, n'a remporté de *premier prix* au Conservatoire.

MM. Coquelin, Worms, Mounet-Sully, Mme Barretta et Mlle Tholer n'ont obtenu que des seconds prix, Mlle Bartet un second accessit. Mme Emilie Broisat n'a même pas passé par le Conservatoire.

Il n'y a guère que Mmes Reichenberg, Croizette et Samary auxquelles des premiers prix aient été décernés et qui aient tenu, une fois entrées au théâtre, tout ce qu'on pouvait attendre d'elles. C'est que Mmes Croizette et Samary sont, avant tout, pour nous servir de l'expression consacrée, des *natures*, c'est que Mlle Reichenberg n'est pas seulement une *nature*, mais aussi qu'elle a atteint, dès le principe, dans l'emploi des ingénues, tout comme Delaunay dans celui des amoureux, l'idéal de la perfection ; — c'est un Delaunay jouant les ingénues.

Rien n'est mieux fait que des représentations mensuelles pour éviter les trop fréquentes surprises, les erreurs du concours de fin d'année.

* *

Chaque mois, une représentation serait organisée: on y convoquerait le jury, la presse, et même, si l'on veut, les nombreux parents et amis des élèves ; à chaque représentation, les jurés pourraient prendre sur les jeunes gens des notes moins vagues que celles qu'ils prennent actuellement à des examens dans lesquels ils ne permettent même pas à l'élève de dire en entier la scène qu'il a choisie.

Le concours de fin d'année n'aurait plus alors une aussi grande importance. Les costumes et accessoires seraient obligeamment prêtés au Conservatoire par les deux Théâtres Français. Rien ne serait plus facile, plus utile, plus nécessaire.

Le succès d'une telle entreprise n'est pas douteux. Voyez le *Cercle des Arts intimes* : ses représentations n'ont-elles pas eu le double avantage de nous présenter des œuvres nouvelles à la scène, comme les *Trouvailles de Gallus*, de Victor Hugo, l'*Assassin*, d'Edmond About, les *Mécontents*, de Prosper Mérimée, et de nous révéler quelques comédiennes? — Aux *Arts intimes*, ce sont, pour la plupart, des amateurs qui jouent la comédie pour occuper leurs loisirs. Le cercle n'a donc pas un but utilitaire, et pourtant n'a-t-il pas eu quelque utilité?

Au Conservatoire, de telles représentations formeraient les élèves qui prendraient l'habitude de dire et de jouer. Et même, le théâtre du Conservatoire ayant chaque mois une destination véritable, le concours de juillet pourrait avoir lieu dans une salle plus vaste.

Le concours de fin d'année, qui serait la composition *finale* de toutes ces compositions *simples*, tout en n'ayant plus une aussi grande importance qu'à l'heure actuelle, exigerait néanmoins une salle capable de contenir plus d'auditeurs que les représentations mensuelles : il aurait donc lieu, non plus au Conservatoire — on ne voudrait pas confondre la grande représentation avec les autres — mais dans la salle de l'Odéon, libre à cette époque de l'année.

A cette époque, disons-nous, car nous estimons que l'époque du concours de fin d'année ne peut être changée. Le Conservatoire est une école, *un lycée* ; or, dans les lycées, il y a année *scolaire*, et c'est à la fin de cette année qu'ont lieu les derniers concours.

CHAPITRE VII

LES CONCOURS DE FIN D'ANNÉE

DE LA TRAGÉDIE AU CONSERVATOIRE

Alfred de Musset écrivait en 1838, lors des débuts de Mlle Rachel :

« Il se passe en ce moment une chose inattendue,
« surprenante, curieuse pour le public, intéressante
« au plus haut degré pour ceux qui s'occupent des
« arts. Après avoir été complètement abandonnées
« pendant dix ans, les tragédies de Corneille et de
« Racine reparaissent tout à coup et reprennent fa-
« veur. Jamais, même aux plus beaux jours de Talma,
« la foule n'a été plus considérable..... On fait cinq
« mille francs de recette avec des pièces qui en fai-
« saient cinq cents : on écoute religieusement, on
« applaudit avec enthousiasme *Horace*, *Mithridate*,
« *Cinna* ; on pleure à *Andromaque* et à *Tancrède*. »

« Il est ridicule et honteux que ce soit un prodige :
« cependant, c'en est un. On ne peut nier l'oubli pro-
« fond dans lequel était tombé l'ancien répertoire : cet
« oubli était si bien constaté que quelques personnes, et
« même des gens d'esprit, regardent l'affluence qui se
« porte maintenant au Théâtre-Français, comme le ré-
« sultat d'un engouement passager qui ne peut pas
« durer. »

Hélas ! les gens d'esprit avaient raison. Avec la
tragédienne, la tragédie disparut. L'engouement passager reparut avec Mme Sarah Bernhardt et M. Mounet-Sully : la grande artiste a quitté la Comédie-
Française : la tragédie s'en est allée avec elle. Il y a
bien encore un Mounet-Sully, un Maubant, un Martel, un Silvain, une Dudlay, mais il n'est plus une
seule artiste capable d'interpréter Andromaque ou
Iphigénie : il n'y a même plus d'Agrippine.

Cependant on regrette la tragédie, et c'est avec raison qu'après les derniers concours, M. de Lapommeraye cite ces mots de Voltaire à Dorat : « Il y
« a dans Paris beaucoup plus de jeunes gens capables
« de faire des tragédies dignes d'être jouées qu'il n'y
« a d'acteurs pour les jouer. »

Ce sont des tragédiens et des tragédiennes qu'il
nous faut, et c'est l'école qui doit en produire.

Malheureusement, la tragédie est abandonnée au
Conservatoire : six tragédiens ou tragédiennes se pré-

sentaient au dernier concours, alors que nous avions vingt-deux auditions pour la comédie.

A qui faut-il imputer cet abandon, cet oubli de la tragédie au Conservatoire? Ce n'est ni aux maîtres, ni même aux élèves, mais au jury, qui, s'il se montre trop indulgent, lorsqu'il s'agit de l'admission au Conˉservatoire, paraît au contraire trop sévère envers ceux qui demandent à concourir en tragédie à la fin de l'année.

*
* *

Prenons un exemple :

M. Hamel, élève de M. Got, obtient un second prix de *comédie* dans la scène du troisième acte de *Ruy Blas*, car, au Conservatoire, ô prodige! *Ruy Blas* est une tragédie dans la matinée et devient une comédie dans l'après-midi ; et pourtant n'est-ce pas *drame* que Victor Hugo a intitulé son chef-d'œuvre ? C'est, par suite, un second prix de *drame* ou de *tragédie*, mais non point un prix de *comédie* qu'il fallait décerner à M. Hamel. L'avenir nous donnera raison et nous verrons si cet élève devient un bon tragédien ou un bon comédien.

Nous ne voudrions point passer en revue les jeunes gens ayant certaines qualités tragiques: si nous avons pris comme exemple M. Hamel, c'était pour signaler cette anomalie.

On s'étonne ensuite que cet art ne soit plus cultivé au Théâtre-Français, comme il y a quelques années, lorsqu'il était aisé de remonter des tragédies avec d'admirables interprètes. Ni Mme Favart, ni Mme Sarah Bernhardt ne sont plus là pour jouer Agrippine ou Clytemnestre, Andromaque ou Junie. L'intelligente et consciencieuse Mlle Dudlay joue Hermione ou Ériphile, mais quelle est l'artiste qui la seconderait ? Ce n'est ni Mme Barretta, ni Mme Émilie Broisat, ni Mlle Bartet, ni Mlle Tholer, charmantes dans la comédie, qui les absorbe complètement.

A l'Odéon, même pénurie de tragédiennes ; pourtant M. de La Rounat fait débuter ses artistes, les unes après les autres, dans la tragédie : Mlle Defresnes, Mlle Lannier, Mlle Malvau, Mlle Marie Laure et enfin Mlle Tessandier : tentatives plus méritoires qu'heureuses !

Ce n'est pas le public de 1883 qui fera défaut pour applaudir *Polyeucte* ou *Iphigénie* ; ce sont les interprètes qui manquent : l'école doit en former. Le moyen le plus sûr pour arriver à ce but, quel est-il ? Laisser concourir en tragédie et en comédie beaucoup plus d'élèves et ne point en éliminer la plupart.

*
* *

Ajoutons qu'en supprimant le concours de juin, ainsi que nous l'avons demandé plus haut, ce seraient non plus les jurés qui décideraient si les jeunes gens peuvent concourir en tragédie, mais les maîtres de déclamation eux-mêmes, ce qui vaudrait infiniment mieux.

CHAPITRE VIII

LES CONCOURS DE FIN D'ANNÉE

DU CHOIX DES SCÈNES DE CONCOURS

On s'est plaint, à la suite des derniers concours, de l'abus des scènes modernes, tant en tragédie qu'en comédie.

Au concours de tragédie nous n'avons eu qu'une seule scène de Racine, pas une de Corneille, mais trois de Victor Hugo, une de Lebrun, une de Leconte de Lisle; en comédie, trois ou quatre scènes de Molière, deux de Marivaux, pas une seule de Regnard; en revanche, sept ou huit de M. Dumas fils : l'auteur du *Demi-Monde* doit être satisfait; le concours du Conservatoire est devenu, pour ainsi dire, la célébration de son anniversaire de naissance.

Puisque le *moderne* prend une si large place en comédie, serait-ce indiscret de demander aux concurrents la raison qui les pousse à ne point rendre hommage à M. Augier tout comme à M. Dumas fils ? La raison ? Ah ! on la devine bien ! M. Sarcey, d'ailleurs, vous l'expliquera tout à l'heure avec sa franchise et sa netteté habituelles.

⁎

Croit-on que ce soient leurs maîtres que les jeunes gens consultent, alors qu'il leur faut choisir une scène de concours ? Non pas ! Leurs maîtres ne font pas partie du jury : ils ne seront point de bons conseillers !

L'élève va trouver M. X.... membre du jury.

— Je voudrais dire une scène du *Menteur*, dit candidement le jeune homme, après avoir avoué à M. X... combien est grand l'embarras de trouver une scène à *effets*.

— Une scène du *Menteur* ! répond M. X... bondissant : ah ! mon Dieu ! mais vous n'y pensez pas ! c'est tellement vieux, tellement rebattu ! Delaunay est si charmant à la Comédie-Française, en Dorante ! Non ! vous n'y ferez aucun effet. Prenons du moderne ! de grâce, du moderne !...

Et là-dessus M. X... indique la scène de concours.

Dans de telles conditions, le maître n'est plus libre : c'est pour lui un cas de conscience que de ne pas faire prendre au jeune homme une autre scène que celle qui a été choisie par M. X... : c'est là une responsabilité dont ne peut se charger le professeur.

Faut-il dire maintenant, tout bas, que les conseils de l'influent M. X... sont parfois funestes à l'élève et que la consultation n'est pas toujours salutaire ? Une scène moderne bien choisie et bien enlevée *porte*, cela est incontestable : mais l'effet fût-il très grand, il est toujours moindre que celui que fait une scène classique bien rendue.

Prenons comme exemples, parmi les jeunes filles, les deux premières nommées l'an dernier, Mlles Muller et Brück ; elles ont joué avec grâce des scènes de l'*Epreuve* et du *Dénouement imprévu* de Marivaux : eh bien ! ces scènes rebattues, classiques entre toutes, n'ont-elles pas été plus goûtées par le public que celle de l'*Étrangère* dite pourtant avec beaucoup de force par Mlle Petit ? Mlle Petit espérait ainsi remporter un premier prix : elle n'a obtenu que le second, en compagnie de ses deux camarades nommées avant elle : au lieu de devenir sans doute pensionnaire de la Comédie-Française, elle a été engagée par M. de la Rounat. — Et Mlle Barety qui avait fait de grands progrès et paraissait devoir être une des premières nommées et qui n'a pas eu le moindre accessit ! Mais Mlle Barety a joué du moderne, du Dumas : on en était rassasié : on s'est lassé, et elle a été victime d'une faute commise non point seulement par elle mais par presque tous ses camarades.

*
* *

A propos de cette avalanche de scènes modernes, qu'il nous soit permis de rappeler les propres termes du critique dramatique du *Temps* :

« Savez-vous bien, mes enfants, que votre concours
« de tragédie est un des plus faibles que j'aie jamais
« vu, depuis tantôt vingt-trois ans que je suis
« assidûment ces exercices ? Pourquoi cela ? On ne
« vous a donc pas prévenus à l'école qu'il y avait
« dans le goût du public un retour très marqué vers
« le grand drame, et surtout vers le drame en vers ?
« Vous vous laissez prendre au bruit que fait l'école
« du soi-disant naturalisme, et vous négligez le vers
« héroïque qui vous paraît s'écarter de la vérité vraie,
« en même temps qu'il tombe dans l'opinion...

« Eh bien ! croyez-moi : on n'apprend à jouer le drame héroïque qu'en s'exerçant à la tragédie. Il faut avoir plié sa bouche au Corneille pour mériter l'honneur de dire du Victor Hugo. Et ceux mêmes d'entre vous qui se destinent à la seule comédie, croyez-vous qu'ils n'aient aucun fruit à retirer des études faites dans la tragédie ? On n'arrive à une diction ample, à un geste large et harmonieux, à des attitudes élégantes dans le Molière ou dans l'Augier que si l'on a traversé Corneille et Racine. C'est là une vérité que se plaisait à répéter le père Provost qui a été, après

Samson, quelques-uns même disent avant, le meilleur professeur de déclamation du Conservatoire. »

Et plus loin, dans le même article :

« Nos jeunes élèves du Conservatoire ,négligent
« cruellement l'ancien répertoire. Quoi ! dans un
« concours de fin d'année, pas un vers de Corneille et
« un seul morceau emprunté à Racine ! Rien que du
« moderne ! Au moins dans la tragédie, ce moderne
« était-il d'un bon choix, du Victor Hugo, du Leconte
« de Lisle et même du Lebrun !

« Mais en comédie il y aurait bien à dire... Il est
« certain que dans ce concours de comédie, les élèves
« ont fait la part trop grande aux textes modernes. On
« prétend que ceux des jurés qui sont auteurs dramati-
« ques sentent un goût plus complaisant pour le can-
« didat qui choisit son morceau de concours dans leur
« répertoire. Ce serait pour cela que nous n'aurions
« pas vu une seule scène d'Augier, qui est pourtant le
« plus classique de nos contemporains. Mais Augier
« ne siège pas aux côtés de M. Thomas, dans la loge
« d'où tombent les prix et les accessits. »

*
* *

Que faire contre cet abus des scènes modernes au concours de fin d'année ? Reconstituer le jury ? Ne point admettre les auteurs dramatiques comme jurés ?

Non point ! La réforme est moins radicale que celle-ci et en même temps plus simple :

Interdire à tout élève le choix d'une scène moderne : imposer le choix d'une scène *classique*.

CHAPITRE IX

LES CONCOURS DE FIN D'ANNÉE

DU RAPPEL DES RÉCOMPENSES

Le rappel des récompenses a été supprimé il y a quelques années seulement : nous ignorons quels motifs ont inspiré à l'administration du Conservatoire cette réforme — que nous considérons comme des plus regrettables.

Rappeler la récompense, c'était le moyen d'indiquer à l'élève qu'il n'avait pas progressé pendant l'année scolaire : c'était l'avertir qu'il avait acquis au Conservatoire toutes les connaissances qu'il était capable de s'assimiler et que, par conséquent, il devait quitter l'école.

En établissant le système actuel, le juré s'est trouvé plus d'une fois dans la nécessité de n'accorder aucune récompense à un élève en tragédie, par exemple, et de *forcer ses notes* en comédie. De cette manière, l'élève ne peut discerner l'opinion véritable du jury à son égard, et il est exposé, dans l'espoir d'une récompense supérieure, à perdre une nouvelle année au Conservatoire.

CHAPITRE X

LES CONCOURS DE FIN D'ANNÉE

LES PREMIERS PRIX ET LES DEUX THÉATRES FRANÇAIS

Actuellement, les élèves, qui ont obtenu la première nomination, sont engagés le plus souvent par M. l'Administrateur général de la Comédie-Française ; actuellement aussi, — on ne saurait trop le répéter — les premiers nommés ne sont pas toujours les plus méritants.

Mais admettons que des lauréats possèdent toutes les qualités requises pour devenir un jour de grands comédiens. A quelle école, lorsqu'ils ont quitté le Conservatoire, peuvent-ils encore apprendre à jouer et à dire ? Est-ce à la Comédie-Française ? Est-ce à l'Odéon ? Ce n'est pas à la Comédie-Française, qui n'est plus une école : on s'achemine vers la Comédie, et c'est la route de l'Odéon qu'il faudrait prendre ; l'Odéon devrait être un *théâtre de passage* pour nos artistes.

Aussi, c'est avec regret que nous voyons chaque année M. l'Administrateur général de la Comédie-Française s'emparer des premiers lauréats du Conservatoire. Que font ces jeunes gens au Théâtre-Français ? Que reste-t-il à l'Odéon ? On appauvrit de la sorte le second Théâtre-Français : on encombre le premier. La troupe de la Comédie-Française est trop nombreuse, et plus d'un jeune pensionnaire reste forcément dans l'inaction, ayant devant lui non seulement les sociétaires, les chefs d'emploi, mais encore les plus anciens d'entre les pensionnaires.

Ce n'est pas M. Perrin, le plus habile d'entre nos directeurs, et, ce qui vaut peut-être mieux, le plus lettré et le plus délicat d'entre tous, ce n'est pas lui qu'on doit blâmer ; M. Perrin n'a pas seulement comme pensionnaires les jeunes gens sortant du Conservatoire : il possède également des pensionnaires déjà anciens, qui ont prouvé ce dont ils étaient capables, comme Boucher, comme Truffier, comme Baillet ; et voilà précisément deux des artistes, Baillet et Truffier, qui ont succédé à MM. Delaunay et Coquelin dans le *Monde où l'on s'ennuie*, et qui leur ont succédé avec une habileté rare, puisque la comédie de M. Pailleron, jouée par eux, n'a pas cessé de faire chaque soir sept et huit mille francs de recette, tout comme auparavant. Aurait-on voulu que les rôles de MM. Delaunay et Coquelin fussent confiés à deux jeunes pensionnaires ?

La Comédie-Française est trop riche au détriment de l'Odéon.

Avant de prévoir l'avenir du premier Théâtre-Français, il faudrait songer à celui du second et, avant tout, à celui du Conservatoire. Ni M. Perrin, ni M. de La Rounat, malgré toute leur sagacité, ne pourront *créer* des comédiens : c'est à l'école qu'on *crée* les artistes. Plus de comédiens ! s'écrie-t-on de toutes parts. C'est l'école, répondrons-nous, qu'il faut réformer.

Autrefois, le Conservatoire produisait encore des artistes d'avenir ; aujourd'hui plus de Conservatoire, plus d'école de *prévoyance*, par conséquent, et, par suite, plus d'avenir pour nos théâtres français.

Mais revenons aux premiers prix. Aurait-il été funeste à MM. Le Bargy, de Féraudy et Garnier, à Mlles Lerou, Rosamond, Muller, etc., de passer par l'Odéon avant d'entrer au Théâtre-Français ? C'est à l'Odéon qu'ils auraient appris leur métier : et, après deux, trois ou quatre années de travaux utiles, pendant lesquelles ils se seraient rompus au répertoire, ils seraient entrés à la Comédie, non plus alors en apprentis.

M. Perrin a pensionné récemment Mlle Bruck, à

la condition toutefois qu'elle reste encore un an au Conservatoire. Qu'y apprendra-t-elle? Une année à l'Odéon ne serait-elle pas plus utile à cette jeune fille?

Qu'on établisse encore ici une règle formelle : Tout premier lauréat du Conservatoire ne pourra entrer au Théâtre-Français avant d'avoir passé au moins deux ans à l'Odéon. S'il ne réussit point au premier rang à l'Odéon, il y restera, non plus pour jouer les rôles de premier plan, mais ceux de second ordre : on l'aura du moins *essayé* et il aura pu faire un apprentissage dramatique sérieux. Si, au contraire, le lauréat du Conservatoire réussit au premier plan à l'Odéon, les portes de la Comédie-Française lui seront ouvertes.

L'Odéon atteindra ainsi son but véritable : il sera l'école *préparatoire* de la Comédie-Française. Il n'y aura plus alors, dira-t-on, de troupe stable à l'Odéon. — Mais l'Odéon est condamné à ne pas avoir de troupe stable : les artistes ne doivent qu'y passer : on ne reste pas à l'école.

Mmes Sarah Bernhardt, Barretta, Émilie Broisat, MM. Thiron, Mounet-Sully, Laroche, sont-ils restés à l'Odéon ou bien y ont-ils seulement passé? Et pourtant, à cette époque, la troupe était instable et le théâtre prospère.

Aujourd'hui la troupe n'est que trop stable — car

l'Odéon, comme on peut le voir, ne fournit plus un seul artiste au Théâtre-Français — et le théâtre jouit d'une prospérité relative.

Prenons la liste des artistes engagés au Théâtre-Français depuis sept ans : pas un seul ne sort de l'Odéon !

M. Davrigny	sort du Conservatoire.
M. Silvain	— du troisième Théâtre-Français.
M. Lebargy	— du Conservatoire.
M. de Férandy	— du Conservatoire.
M. Leloir	— du troisième Théâtre-Français.
M. Garnier	— du Conservatoire.
M. Thomas	— du Théâtre des Nations.
M. Falconnier	— des Bouffes-du-Nord.
Mlle Thénard	— du Conservatoire.
Mlle Fayolle	— du Théâtre-Cluny.
Mme Samary	— du Conservatoire.
Mlle Dudlay	— du Conservatoire de Bruxelles.
Mlle Frémaux	— du cours de M. Talbot.
Mlle Bartet	— du Vaudeville.
Mlle Lerou	— du Conservatoire.
Mlle Rosamond	— du Conservatoire.
Mlle Amel	— du Conservatoire.
Mlle Durand	— du Conservatoire.
Mlle Kalb	— du Vaudeville.
Mlle Muller	— du Conservatoire.

L'Odéon n'est donc plus, depuis 1876, le *second* Théâtre Français.

* *

De plus il convient d'ajouter que depuis sept ans le Conservatoire n'a fourni que bien peu d'artistes à l'Odéon.

Parmi les artistes actuellement remarqués à l'Odéon et qui y aient été engagés depuis 1876, il n'y a guère que Mlles Malvau et Élise Petit qui sortent du Conservatoire.

M. Chelles   vient du théâtre Cluny.

M. A. Lambert   — du troisième Théâtre Français.

M. Paul Mounet — de l'École de Médecine.

M. Cosset   — de l'Ambigu.

M. Bahier   — du Gymnase.

Mme Tessandier   — du Gymnase.

Mme Marie Laure — du Château-d'Eau.

Mlle Nancy Martel — du Vaudeville.

Mlle Hadamard   — de l'Ambigu.

En résumé, ni le Conservatoire, qui est une école *élémentaire* préparant à l'Odéon, ni l'Odéon, qui est une école préparant à la Comédie-Française, n'ont donné en ces dernières années, les résultats qu'on aurait pu souhaiter.

* *

C'est de la *source* même, c'est-à-dire de l'école que

vient le mal. C'est donc l'école, le Conservatoire, qu'il faut réorganiser, et cette réorganisation nous la réclamons d'autant plus instamment que du Conservatoire dépend le sort des deux Théâtres-Français.

CONCLUSION

1° Créer deux Conservatoires dictincts : une École de musique, une autre de déclamation, et placer à la tête de chacune d'elles un administrateur spécial.

2° Au concours, d'octobre se montrer plus difficile pour l'admission des candidats.

3° Etant donné qu'on admet les étrangers au Conservatoire, les soumettre aux mêmes règles que les élèves français.

4° Supprimer, en janvier, le concours des pensions : distribuer des secours aux élèves qui en feront la demande et sur les ressources desquels une enquête aura été faite par l'administration du Conservatoire.

5° Si, durant l'année scolaire, un élève quitte le Conservatoire, le remplacer par le premier des *non admis* en octobre.

6° Supprimer, en juin, l'examen d'admission au concours de fin d'année.

7° Remplacer les concours de janvier et de juin par des représentations mensuelles organisées au théâtre du Conservatoire ; mettre à la disposition de l'administration du Conservatoire la salle de l'Odéon pour le concours de fin d'année.

8° Laisser, non plus aux jurés, mais aux maîtres, le soin de décider quels sont ceux de leurs élèves capables de concourir à la fin de l'année et en tragédie et en comédie.

9° Imposer à tout élève le choix d'une scène classique au concours de fin d'année.

10° Rétablir le rappel des récompenses.

11° Obliger les premiers lauréats du Conservatoire à un stage de deux ans au moins, à l'Odéon avant d'entrer à la Comédie-Française.

Telles sont les réformes qu'il nous semble le plus urgent d'introduire dans l'organisation du Conservatoire de déclamation.

TABLE

—

PREMIÈRE PARTIE

DEUXIÈME PARTIE

SAINT-QUENTIN. — IMP. J. MOUREAU ET FILS

www.ingramcontent.com/pod-product-compliance
Lightning Source LLC
Chambersburg PA
CBHW061244060726
47596CB00002B/432